TÜRKÜLERDEN SEÇMELER

Hazırlayan
Mehmet Demirkaya

Bandrol uygulamasına ilişkin usul ve esaslar hakkındaki yönetmeliğin 5. maddesinin 2. fıkrası çerçevesinde bandrol taşıması zorunlu değildir.

SİS YAYINCILIK

SİS YAYINCILIK - 103

TÜRKÜLERDEN SEÇMELER

Yayıncı ve Genel Yayın Yönetmeni: Zana HOCAOĞLU
Yayın Koordinatörü: Mehmet DEMİRKAYA
Redaksiyon: Mübeccel KARABAT
Tasarım: Özgür YURTTAŞ

Baskı: Barış Matbaası
Davutpaşa Cad. Güven San. Sit. C Blok No: 291
Topkapı - İSTANBUL
Tel: (0212) 674 85 28 - Faks: (0212) 674 85 29

Sertifika No: 12431
ISBN 978-605-5768-02-7

1. Baskı: Şubat 2010

SİS YAYINCILIK

Merkez: İSTOÇ 35. Ada No:29
Mahmutbey - İstanbul
Şube: Yerebatan Cd. Salkımsöğüt Sk.
Keskinler İş Merkezi
No:8/304 Cağaloğlu/İstanbul
Tel: (212) 511 95 69 - 70
Fax: (212) 511 95 97

www.sisyayincilik.com
e-mail: info@sisyayincilik.com

TÜRKÜLERDEN SEÇMELER

Hazırlayan
Mehmet Demirkaya

SİS YAYINCILIK

Leylim Ley

Döndüm daldan kopan kuru yaprağa leylim ley
Seher yeli dağıt beni kır beni leylim ley
Götür tozlarımı burdan uzağa leylim ley
Yârin çıplak ayağına sür beni
Leylim ley leylim ley leylim ley

Ayın şavkı vurur sazım üstüne leylim ley
Söz söyleyen yoktur sözüm üstüne leylim ley
Gel ey hilal kaşlım dizim üstüne leylim ley
Ay bir yandan, sen bir yandan sar beni
Leylim ley leylim ley leylim ley

Yedi yıldır uğramadım yurduma leylim ley
Dert ortağı aramadım derdime leylim ley
Geleceksin bir gün düşüp ardıma leylim ley
Kula değil yüreğine sor beni
Leylim ley leylim ley leylim ley

Bağdat Ellerinden Gelen Turnalar
Yöre: Çorum

Bağdat ellerinden gelen turnalar
Turnalar ne haber, ne haber yârdan ey!
Şimdi benim yârim (Hey hey hey) gözün sürmeler
Turnalar ne haber, yârdan ne haber ey!

Esip esip karlı dağlar aşarsın
Kılavuzun yok mu, neden şaşarsın?
Bir yazdan, bir güzden derdim deşersin,
Turnalar ne haber, yârdan ne haber ey!

Katar katar gökyüzünde dönersin,
Akşama mı kaldın neden eversin?
Doğru söyle sen ey Mevla'yı seversin,
Turnalar ne haber, yârdan ne haber ey!

Yârini öldürmüş, eli kan m'ola,
Ak gerdan üstüne çifte ben m'ola
Doğru söylen benim, yârim sağ m'ola
Turnalar ne haber, yârdan ne haber ey!

Maçka Yolları Taşlı
Trabzon/Sürmene

Oy... Maçka yolları taşlı,
Gel uyu kalem kaşlı.
Ne oldu sana yavrum,
Böyle gözlerin yaşlı.

Yukarı gel yukarı,
Irmağın gözündeyum.
Eller ne derse desin,
Ben yine peşundeyum.

Dereler akar akar,
Garişir denizlere.
Gurban olayım yavrum,
O sevdali gözlere.

Gız tarlanin taşları,
Duman değil gar idi,
Sevdiğum senin ilen,
Ne günlerum var idi.

Maden Dağı Dumandı
Yöre: Diyarbakır

Maden dağı dumandı
Deloy loy deloy loy kibar yârim
Yolu dolan dolandı
Deloy loy deloy loy kibar yârim
Gitti yârim gelmedi
Deloy loy deloy loy kibar yârim
Yaş gözüme dolandı
Deloy loy deloy loy kibar yârim
Bu dağın ardı meşe
Deloy loy deloy loy kibar yârim
Gün kalka gölge düşe
Deloy loy deloy loy kibar yârim
Beni yârdan edenin
Deloy loy deloy loy kibar yârim
Evine şivan düşe
Deloy loy deloy loy kibar yârim
Bu dağlar meşe dağlar
Deloy loy deloy loy kibar yârim
Vermiş baş başa dağlar
Deloy loy deloy loy kibar yârim
O yâr dönüp gelende
Deloy loy deloy loy kibar yârim
Yol verin aşa dağlar
Deloy loy deloy loy kibar yârim

A Bre Sülüman Aga
Yöre: Rumeli

A bre Sülüman Aga
Tut çakal beygiri
Uralım yuları
Sıkalım kolanı

A bre Sülüman Aga
Boydalar oldu mi
Beni evereyler
Haberin oldu mi

Sülüman Aga'nın karısı
Sundurmadan bakıyor
Sülüman Aga ona
Altı patlar atıyor

Ağalar Gurbetten Geldim

Ağalar gurbetten geldim
Geldim mi nazenin gitmiş
Bir daha saz almam ele
Salınıp gezenim gitmiş

Aynasın verin dizine
Sürmeler çeksin gözüne
Siyah zülfün mâh yüzüne
Tarayıp düzenim gitmiş

Bir daha içmenem bade
Sırrımı vermenem yade
Uçtu gövel kaldı yade
Göllerde gezenim gitmiş

Emrahım ben de varırsam
Düşmandan hayfım alırsam
Vadem yeter ben ölürsem
Kabrimi kazanım gitmiş

Dağ Başında Kestane
Yöre: Kütahya

Dağ başında kestane
Dökülür dane dane
Simav dolu yâr olsa
Alacağım bir dane

O da mı yalan
Bu da mı yalan
Hepisi yalan

Bahçenizde gül var mı
Gül dibinde yol var mı
Yâr size geleceğim
Annenden izin var mı

O da mı yalan
Bu da mı yalan
Hepisi yalan

Şu yerlerin söğüdü
Kimden aldın öğüdü
Şu benim sevdiceğim
Mahallenin yiğidi

O da mı yalan
Bu da mı yalan
Hepisi yalan

Dağdan Duttum Bir Cücük Fadimem
Yöre: Ordu/Gölköy

Dağdan duttum bir cücük (Fadimem)
Ağzı burnu da güçücük (Hey Hey)
Ben varamıyom size de (Fadimem)
Sen gel bize de azıcık (Hey)

Dağdan da kestim dikeni (Fadimem)
Köye gelsin keçiler (Hey Hey)
Az mı da oldu sevdiğim (Fadimem)
Gönderdiğim elçiler (Hey Hey)

Dağdan Kestim Değenek
Yöre: Diyarbakır

Dağdan kestim değenek
Ortası benek benek
Yeni bir yâr sevmişem
Eskisine ne gerek

Dağı duman olanın
Hâli yaman olanın
Gece uykusu gelmez
Yâri güzel olanın

Dağlara lale düştü
Güle velvele düştü
Yanarım ona gelin
Yâr elden ele düştü

Dağdan attım ekini
Uçurttum eldekini
Soran gözümü sorar
Sormaz içindekini

Bahçelerde Börülce
Yöre: Tekirdağ

Bahçelerde börülce
Oynar gelir görümce
Oynasınlar bakalım
Bir araya gelince

Hişt mori ye le lelli yâr nina nininam
Çık mori ye le lelli yâr nininan

Bahçelerde eğrelti
Oynarlar iki elti
İkisi de bir boyda
Bulunmuyor kıymeti

Hişt mori ye le lelli yâr nina nininam
Çık mori ye le lelli yâr nininan

Bahçelerde kara taş
Oynarlar kardaş kardaş
İkisi de bir boyda
Bulunmuyor arkadaş

Hişt mori ye le lelli yâr nina nininam
Çık mori ye le lelli yâr nininan

Bacacılar Yüksek Yapar Bacayı (Karam)
Yöre: Nevşehir/Ürgüp

(E hey) Bacacılar yüksek yapar bacayı
Şimdiki kızlar kendisi bulur kocayı (da)
Karam altın dişli (Karam)
Sırma saçlı (Karam)
Rakı içtim anam dalgaya düştüm (Karam)

Havuzun başına gelmesin eller
Bugün efkarlıyım açmasın güller (Karam)
Aman ne güzelsin (Karam)
Altın dişli karam sırma saçlı (Karam)
Ben sana yandım (Anam)
Sen kime yandın (Karam)

(E hey) Ayaklar altının turabıyım ben
Pişmiş ciğerlerin kebabıyım ben
Karam altın dişli (Karam)
Sırma saçlı (Karam)
Ne güzelsin (Karam)
Hoppah demeye geldim
Peynir yemeye geldim
Gız seni görmeye geldim (de)

(E hey) Evleri olsa da engin olmasa
Babası olsa da zengin olmasa (da Karam)
O yar benim olsa dengim olmasa
Boşa cilvelenme ben almam seni (de Karam)

Baba Bugün Dağlar Yeşil Boyandı
Yöre: Kerkük

Dağlar yeşil boyandı
Kim yattı kim uyandı
Kalbime ateş düştü
İçinde yâr da yandı
Su serptim ateş sönsün
Serptiğim su da yandı

Aman aman elüvden
Niçin bunca zalımsan
Heç bilmem hara geldim

(Baba bugün)
Dağlar başı kar olur
Benzim sarı hulkum dar
(Gözlerim ağam)
Her gelen benzim sorar
Bilmez kalbimde ne var

Aman aman elüvden
Niçin bunca zalımsan
Heç bilmem hara geldim

(Baba bugün)
Yâr dağlıdır
Sinemde yar dağıdır

(Gözlerim ağam)
Başımda gam yuvası
Dağıtsa gam dağıdır
Gurbanam o zülfüne
Gün vurar yel dağıdır

Aman aman elüvden
Niçin bunca zalımsan
Heç bilmem hara geldim

Bağa Gel Bostana Gel
Yöre: Orta Anadolu

Bağa gel bostana Gel
(Vay vay vay vay vay vay yâr yandım)
Dile gel destana gel
(Neynim neynim neynim)
Anan vermezse
(Vay vay vay vay vay vay yâr yandım)
Yalandan hastalan gel (Neynim neynim neynim)

Bağ ayrı bostan ayrı
Olamam dosttan ayrı
İnsan oğlu yaşar mı (Vay vay vay vay vay vay)
Kalsa nefesten ayrı (Neynim neynim neynim)

Bağına girmiş gibi
(Vay vay vay vay vay vay yâr yandım)
Gülünü dermiş gibi (Neynim neynim neynim)
Geç buldum tez yitirdim
(Vay vay vay vay vay vay yâr yandım)
Öldüm düş görmüş gibi (Neynim neynim neynim)

Çanakkale İçinde Aynalı Çarşı
Yöre: Kastamonu

Çanakkale içinde aynalı çarşı,
Ana ben gidiyom düşmana karşı.
Of, gençliğim eyvah!

Çanakkale içinde bir uzun selvi,
Kimimiz nişanlı kimimiz evli.
Of, gençliğim eyvah!

Çanakkale üstünü duman bürüdü,
On üçüncü fırka yürüdü.
Of, gençliğim eyvah!

Çanakkale içinde bir dolu testi,
Analar babalar mektubu kesti.
Of, gençliğim eyvah!

Cabur Dağdan Kuş Geliyor
Yöre: Şanlıurfa

Cabur dağdan kuş geliyor
Mavzer sesi hoş geliyor
Bölük bölük giden asker
Geri dönmüş boş geliyor

Yazık oldu genç yaşına vay
Memedim aslan Memedim
Memedim civan Memedim
Dağlarda ceylan Memedim
Ağ demir pulat Memedim

Cabur dağın mağarası
Şen olsun Urfa balası
Bir yanımı dert çürüttü
Bir yanı mavzer yarası

Yazık oldu genç yaşına vay
Memedim aslan Memedim
Memedim civan Memedim
Dağlarda ceylan Memedim

Ağ demir pulat Memedim
Cabur dağda bağ olur mu
Kara yazı ağ olur mu
Bunca sene gurbet gezen
Yüreğinde yağ olur mu

Yazık oldu genç yaşına vay
Memedim aslan Memedim
Memedim civan Memedim
Dağlarda ceylan Memedim
Ağ demir pulat Memedim

Çakmağı Çak
Yöre: Kerkük

Çırağda yağ tükendi
Ne yaman vakit tükendi
Ne sennen bu güzellik
Ne mennen ah tükendi

Çakmağı çak
Çırağı yandırmamışam
Yârim için potin aldım
(Yârim için papuç aldım)
Tekini yolda salmışam

Çırağı yandıraydım
Yol üste konduraydım
Yârim bize gelende
Heybesin endireydim

Çakmağı çak
Çırağı landırmamışam
Yârim için potin aldım
(Yârim için papuç aldım)
Tekini yolda salmışam

Çırağım şule verdi
Kölgesin güle verdi
Neylerim yâr men sennen
Tez meni dile verdi

Çakmağı çak
Çırağı yandırmamışam
Yârim için potin aldım
(Yârim için papuç aldım)
Tekini yolda salmışam

Damda çırağ yandırır
Manin görür söndürür
Özü keyf sefada
Meni dertten öldürür

Çakmağı çak
Çırağı yandırmamışam
Yârim için potin aldım
(Yârim için papuç aldım)
Tekini yolda salmışam

Ela Gözlerini Sevdiğim Dilber-1
Yöre: Erzincan

Ela gözlerini sevdiğim dilber
Cihana saldırdı gözlerin beni
Bu dertten bu sinem çürüyüp gider
Hasrete yandırdı gözlerin beni

Ben sana hayranım çekerim sevda
Sular gibi aksam çay olsam daha
Gel sevdiğim senle edelim veda
Hasrete yandırdı gözlerin beni

Ela Gözlerini Sevdiğim Dilber-2
Yöre: Tunceli

Ela gözlerini sevdiğim dilber
Göster cemalini görmeye geldim
Buselerin derde derman dediler
Gerçek mi sevdiğim sormaya geldim

Senin âşıkların gülmez dediler
Ağlayıp yaşını silmez dediler
Seni seven yiğit ölmez dediler
Gerçek mi cananım sormaya geldim

Sarı gülüm elden ele gezerim
Ela gözlü yâri candan severim
Dediler o güzel sararıp solmuş
Hak nasip ederse görmeye geldim

Eğer Âşık İsen
Âşık Noksanî

Eğer âşık isen güzel canana
Seyreyle cemalin dur gizli gizli
Eğer Mecnun isen hüsn-ü didara
Gizle asrarını dur gizli gizli

Mamur et başını kendinde ara
Eğer mamur isen erersin dara
Fark eyle kendini yanarsın nâra
Bülbüle zâr eyle dur gizli gizli

Yeşil nikabından perdeyi kaldır
Sevdiğin dilberin orada vardır
Âşıkların işi hey dost ah ile zârdır
Açıldı gülleri der gizli gizli

Bu sırrı vahdetten irfanı gözle
Arif olup dostun izini izle
Sen her şeyden evvel kendini gözle
Gördünse didarı dur gizli gizli

Manayı âlemde o cana yâr ol
Ara sevdiğini öz bağında bul
Âşıklar maşuğa hey dost olmuşlardır kul
Özünü pakeyle dur gizli gizli

Noksanî seyreyle bekle ikrarı
Sinemde yanıyor aşkıyla nârı
Âşıklar neylesin böyle ayarı
Çekiver katarı var gizli gizli

Feleğe Sordurayım

Feleğe sordurayım derdimi bildireyim
Yazımı yanlış yazmış kalemi kırdırayım
Oy nennim nennim nennim sevda başta ben neydim
Oy nennim nennim nennim yandı canım ben neydim

Ayrılık kahrın çeken soldum yâr tomur iken
Ben gülü düşler idim bahçamı sardı diken
Oy nennim nennim nennim sevda başta ben neydim
Oy nennim nennim nennim yandı canım ben neydim

Camilerde Minare
Yöre: Ankara/Şereflikoçhisar

Camilerde minare (vay milazım)
Dalga vurdu kenara (gar beyazım)
Soğuk sular ne desin (vay milazım)
İçerdeki yanara (gar beyazım)

Fırın üstünde fırın (vay milazım)
Duyun gomşular duyun (gar beyazım)
Ben bir gıza vuruldum (vay milazım)
Derdime çare bulun (gar beyazım)

Yılan akdı gamışa (vay milazım)
Su ne yapsın yanmışa (gar beyazım)
Mevlam sabırlar versin (vay milazım)
Yârinden ayrılmışa (gar beyazım)

Canım Kırat Gözüm Kırat
Yöre: Elazığ

Canım kırat gözüm kırat
Acep bağlı durur m'ola
Ismarlasam şol güzele
Yemin suyun verir m'ola

Gargıya benzer kulağı
Yaradandandır dileği
Abu zemzemden sulağı
Sarhoş sarhoş yörür m'ola

Köroğlu der cömert gani
Alan Allah verir canı
Kıratınan eyvaz seni
Alan Allah verir m'ola

Çadır Altı Minare
Yöre: Gaziantep

Çadır altı minare
El ettim eski yâre
Anam kurban ben kurbanda
Setre pantollu yâre

Helvacı helva
Şeker lokum helva

Söğütte ot bitmez mi
Çağırsalar bitmez mi
Ah bu senin elinden de
Çektiklerim yetmez mi

Helvacı helva
Şeker lokum helva

Çaldığın Saza mı Yanam
Yöre: Diyarbakır

Çaldığım saza mı yanam
Ettiğin naza mı yanam
Alım yâri yanıma
Kış yatım güz uyanam

Saza niye gelmezsen
Söze niye gelmezsen
Var gündüz kârın eyle
Gece niye gelmezsen

Vurgunam kara gözüne
Yanırm sevdan közüne
Canımı kurban ederem
Sevdiğim bir tek sözüne

Saza niye gelmezsen
Söze niye gelmezsen
Var gündüz kârın eyle
Gece niye gelmezsen

Çalın Davulları Çaydan Aşağı
Yöre: Rumeli

Çalın davulları çaydan aşağıya amman amman
Mezarımı kazın (bre dostlar) belden aşağıya
Koyun sularımı kazan dolunca (amman)

Aman ölüm zalim ölüm üç gün ara ver
Al başımdan bu sevdayı götür yâre ver

Selanik içinde selam okunur (amman)
Selamın sedası (Bre dostlar) cana dokunur
Gelin olanlara kına yakılır (amman)

Aman ölüm zalim ölüm üç gün ara ver
Al başımdan bu sevdayı götür yâre ver

Selanik Selanik viran olasın (amman)
Taşını toprağacını seller alasın
Sen de benim gibi yârsız kalasın (amman)

Aman ölüm zalim ölüm üç gün ara ver
Al başımdan bu sevdayı götür yâre ver

Çamlığın Başında Tüter Tütün
Yöre: Yozgat

Çamlığın başında tüter bir tütün,
Acı çekmeyenin yüreği bütün.
Ziya'nın atını pazara dutun,
Gelen geçen Ziya'm ölmüş desinler.

At üstünde kuşlar gibi dönen yâr,
Kendi gidip ahbapları kalan yâr.

Ne sen gelin oldun ne ben güveyi,
Onun için kapanmıyor gözlerim.
At üstünde kuşlar gibi dönen yâr,
Kendi gidip ahbapları kalan yâr.

At üstünde kuşlar gibi dönen yâr,
Kendi gidip ahbapları kalan yâr.

Ham meyveyi kopardılar dalından,
Beni ayırdılar nazlı yârimden.
Eğer yârim tutmaz ise salımdan,
Onun için açık gider gözlerim.

At üstünde kuşlar gibi dönen yâr,
Kendi gidip ahbapları kalan yâr.

Çarşıya Vardım Erikten Aldım
Yöre: Kayseri

Çarşıya vardım erikten aldım,
Yârin haberini Everek'ten aldım.
O yâr uzun boylu ben kısa kaldım,
Nideyim nideyim nerelere gideyim,
O yâr camdan bakıyor ben nasıl edeyim.

Çarşıya vardım kayısıdan aldım,
Yârin haberini dayısından aldım.
O yâr uzun boylu ben kısa kaldım,
Nideyim nideyim nerelere gideyim,
O yâr camdan bakıyor ben nasıl edeyim.

Çarşıya vardım armuttan aldım,
Yârin haberini Mahmut'tan aldım.
O yâr uzun boylu ben kısa kaldım,
Nideyim nideyim nerelere gideyim,
O yâr camdan bakıyor ben nasıl edeyim.

Çarşambayı Sel Aldı
Yöre: Samsun

Çarşamba'yı sel aldı,
Bir yâr sevdim el aldı (aman aman)
Keşke sevmez olaydım,
Elim koynumda kaldı (aman aman)

Oy ne imiş ne imiş (aman aman)
Kaderim böyle imiş.
Gizli sevda çekmesi (aman aman)
Ateşten gömlek imiş.

Çarşamba yazıları,
Körpedir kuzuları (aman aman)
Allah alnıma yazmış,
Bu kara yazıları (aman aman)

A dağlar ulu dağlar (aman aman)
Yârim gurbette ağlar.
Yâri güzel olanlar (aman aman)
Hem ah çeker hem ağlar.

Dam Üstünde Çul Serer
Yöre: Sivas/Divriği

Dam üstüne çul serer loyluda yâr,
Leyli de yâr, loy loy loy
Bilmem bu kimi sever, halelim
Nenni de kınalım, nenni de belalım nenni de nenni
Bunun bir sevdiği var
Loylu da yâr, leyli de yâr, loy loy loy
Günde on çeşit geyer, halelim
Nenni de kınalım, nenni de belalım nenni de nenni

Şunu bana verseler, loylu da yâr,
Leyli de yâr, loy loy loy
Cihana bildirseler, halelim
Nenni de kınalım, nenni de belalım nenni de nenni

Gitsem yârin yanına, loylu da yâr,
Leyli de yâr, loy loy loy
Sabahtan öldürseler, halelim
Nenni de kınalım, nenni de belalım nenni de nenni

Ağ daşı kaldırsalar, loylu da yâr,
Leyli de yâr, loy loy loy
Yılanı öldürseler, halelim
Nenni de kınalım, nenni de belalım nenni de nenni

Küçükten yâr seveni, loylu da yâr,
Leyli de yâr, loy loy loy
Cennete gönderseler, halelim
Nenni de kınalım, nenni de belalım nenni de nenni

Dağlar Oy Dağlar

Diledim ki nazlı yâre gideyim
Her yandan çevirdi yolumu dağlar
Gurbet elde garip kaldım nideyim
Kırdı kanadımı kolumu dağlar

Dağlar oy dağlar dumanlı dağlar
O yârin hasreti bağrımı dağlar
Dağlar oy dağlar içim kan ağlar
O yârin hasreti bağrımı dağlar

Ayrılan güler mi nazlı yârinden
Küle döndüm hasretinden narından
Kurtulmadım tipisinden karından
Perişan eyledi hâlimi dağlar

Dağlar oy dağlar dumanlı dağlar
O yârin hasreti bağrımı dağlar
Dağlar oy dağlar içim kan ağlar
O yârin hasreti bağrımı dağlar

Şimdi sevdiğimin gözü yollarda
Kalıp eğlenemem ıssız bellerde
Sadık Miskini'ye yaban ellerde
Reva mı gördünüz ölümü dağlar

Dağlar oy dağlar dumanlı dağlar
O yârin hasreti bağrımı dağlar
Dağlar oy dağlar içim kan ağlar
O yârin hasreti bağrımı dağlar

E Çaykara Çaykara
Yöre: Trabzon/Akçaabat

E çaykara çaykara
Dört dağın arasında
Güneş almadı ona
Çamlar arasında

Sar beline beline
Gaytanı yedi keren
Çok da güzel deyilsun
Sevdim seni bir keren

Sar beline beline
Gaytanı dolan dolan
Kız alacağum seni
Öyle mahçup oturma

E deremen deremen
Issız yere dönersin
Ne mutli olsun sana
Ne güzeller görersin

Edirne'nin Ardı Bayler
Yöre: Edirne

Edirne'nin ardı (da) bayler
Meriç akar (mori dankilom) sular çağlar
Eşinden ayrılan yanar

Ay oldun mu (mori dankilom) duyuldun mu
Hacıoğlu mestan gibi vuruldun mu

Edirne köprüsü taştan
Sen çıkardın (mori dankilom) beni baştan
Ayırdılar beş kardaştan

Ay oldun mu (mori dankilom) duyuldun mu
Hacıoğlu mestan gibi vuruldun mu

Edirne'nin Ardında Sümbüllü Bağlar
Yöre: Edirne

Edirne'nin ardında sümbüllü bağlar
Hasan Ağa oturmuş kargısın yağlar

Şimdi cenk var davullar zurnalar mehterler çalar
Hasmını meydanda seç kahramanım pehlivanım hey
Üçünü beşini birden biç kahramanım pehlivanım hey

Meriç'ten suları çağlayıp akar
Yiğitlerin narası kal'alar yıkar

Şimdi cenk var davullar zurnalar mehterler çalar
Hasmını meydanda seç kahramanım pehlivanım hey
Üçünü beşini birden biç kahramanım pehlivanım hey

Felek Senin Elinden
Karacaoğlan

Be felek senin elinden
Hem yanarım hem ağlarım
Gece gündüz ağlar gözüm
Başımı döğer ağlarım
Çağırırım gani deyi
Gel ağlatma beni deyi
Kimi görsem seni deyi
Yüzüne bakar ağlarım

Lutfeyle beyim urandır
Gözümün yaşı barandır
Kaygılı gönlüm virandır
Hicrimi çeker ağlarım
Karacaoğlan düştü derde
Gece gündüz yanar nârda
Hak kadı olduğu yerde
Kabrimden çıkar ağlarım

Fidayda (Hüdayda)
Yöre: Ankara

Aman bulguru kaynatırlar
Haydi bulguru kaynatırlar
Serine yaylatırlar
Aman serine yaylatırlar
Bizde âdet böyledir
Aman bizde âdet böyledir
Güzeli ağlatırlar
Aman çirkini söyletirler

Fidayda da Ankaralım fidayda
Beş yüz altın yedirdim bir ayda
Gitti de gelmedi ne fayda
Başını da yesin bu sevda

Aman dama çıkma baş açık
Haydi dama çıkma baş açık
Arpalar kara kılçık
Aman arpalar kara kılçık
Aman eğer gönlün var ise
Aman gönlün var ise
Gey galucu yola çık
Ama gey galucu yola çık

Fidayda da Ankaralım fidayda
Beş yüz altın yedirdim bir ayda
Gitti de gelmedi ne fayda
Başını da yesin bu sevda

Gafil Gezme Şaşkın
Yöre: Gaziantep

Gafil gezme şaşkın bir gün ölürsün
Dünya kadar malın olsa ne fayda
Söyleyen dillerin söylemez olur
Bülbül gibi dilin olsa ne fayda

Sen söylersin söz içinde sözün var
Çalarsın çırparsın oğlun kızın var
Şu dünyada üç beş arşın bezin var
Tüm bedesten senin olsa ne fayda

Kul Himmet üstadım gelse otursa
Hakkın kelamını dile getirsen
Dünya benim deyi zapta geçirse
Karun kadar malın olsa ne fayda

Fincanı Taştan Oyarlar-1
Yöre: Sivas

Fincanı taştan oyarlar balam oyarlar,
İçine bade koyarlar.
Sen bize gelme duyarlar balam duyarlar.

Sen kimin canısın canı,
Sen yine doldur fincanı.

Fincanı rafa dizerler balam dizerler,
İçine bade süzerler.
Sen bize gelme sezerler balam sezerler.

Sen kimin canısın canı,
Sen yine doldur fincanı.

Fincanın dibi düz olur balam düz olur,
Sen bize gelme söz olur.
Bir kadeh bade az olur balam az olur.

Sen kimin canısın canı,
Sen yine doldur fincanı.

Fincanı Taştan Oyarlar-2
Yöre: Trabzon

Fincanı taştan oyarlar (aman, aman)
İçine bade koyarlar.
Güzeli candan severler (aman aman)

Aman kız yaman kız yandırdın beni
Naz ettin göz ettin (yavrum) kandırdın beni
Peçeni görmeden öldürdün beni

Fincanı rafa dizerim (aman aman)
Yârimden ayrı gezerim
İnan ki candan bezerim (aman aman)

Aman kız yaman kız yandırdın beni
Naz ettin göz ettin (yavrum) kandırdın beni
Peçeni görmeden öldürdün beni

Gam Gasavet Keder Yok Olup Gider
Yöre: Yozgat

Gam gasavet keder yok olup gider
Sevdiğimin cemalini görünce
Perişan gönlümü şen mamur eder
Sevdiğimin cemalini görünce
Seversen Mevla'yı açma yaremi
(Dost dost dost)

Gülistan açılmış şakır bülbülü
Açılır bahçede domurcuk gülü
Methi yâri söyler şad olur dili
Gül yüzlümün cemalini görünce
Seversen mevlayı açma yaremi
(Dost dost dost)

Gayrı Dayanamam Ben Bu Hasrete
Yöre: Çorum

Gayrı dayanamam ben bu hasrete
Ya beni de götür ya sen de gitme
Ateşin aşkına canım yakma çıramı
Ya beni de götür ya sende gitme

Sen gidersen kendim berdar ederim
Bülbül gül dalına konmaz niderim
Elif gaddim büker kement ederim
Ya beni de götür ya sen de gitme

Yâr sineme vurdun kızgın dağları
Viran koydun mor sümbüllü bağları
Hüseyn'im geçiyor gençlik çağları
Ya beni de götür ya sen de gitme

Geceler Yârim Oldu
Yöre: Şanlıurfa

Geceler yârim oldu (aman aman garibem)
Ağlamak kârım oldu (aman aman garibem)
Her dertten yıkılmazdım (aman aman garibem)
Sebebim zalim oldu (aman aman garibem)

Bayram gelmiş neyime (aman aman garibem)
Kan damlar yüreğime (aman aman garibem)
Yaralarım sızlıyor (aman aman garibem)
Doktor benim neyime (aman aman garibem)

Gel Dilber Ağlatma Beni
Virani

Gel dilber ağlatma beni Şah-ı Merdan aşkına
Dü cihanın ranimasi Şii Yezdan aşkına
Şahım Hasan Pir Hüseyin Kerbela Meydan için
Lütfedip bağışla cürmüm Ali Süphan aşkına

İmam Zeynel Abidin'in abina umdumusa
Arayıp özünde bakiri buldunusa
Ceddin Evlad-ı Muhammet Cafer'i bildin ise
Rahme gel ol Şah-ı Merdan Ali Ümran aşkına

Seyit Musa'yı Kazım'dır Ehl-i Beyt'in serveri
Canı aşkı Nuş edenler müpteladır ekseri
Sahi şehidi Horasan İmam Rıza'dan beri
Müptelayı merhamet kıl kalb-i viran aşkına

Ey Virani çıkma yoldan doğru raha gel beri
Muhabbet şefkat senindir ey Hasan-Ül Askeri
Evliyalar Serfirazi Hacı Bektaş-ı Veli
Sen ganisin ver muradı Devri Mihtan aşkına

Hacı Bektaş
Âşık Mahzuni Şerif

Bütün evren semah döner
Hü hü Hacı Bektaş dost
Gökyüzünde delil yanar
Hü hü Hacı Bektaş dost

Biz acıyı bal eyleriz
Hakkımız helal eyleriz
Bize Bektaşi can derler
Gidersek Hakka gideriz dost

Gökyüzünde uçan turna
Hü hü Hacı Bektaş dost
Feryadı şahlar şahına
Hü hü Hacı Bektaş dost

Hor olanı hoşlarız biz
Hak diyerek başlarız biz
Şeytan yaklaşamaz bize
İkiliği taşlarız biz dost

İlimsiz yol karanlıktır
Hü hü Hacı Bektaş dost
Bizde küsmek yaranlıktır
Hü hü Hacı Bektaş dost

Mahzuni ünümüz bizim
Bulunmaz kinimiz bizim
Cahil bize dinsiz demiş
Sevgidir dinimiz bizim dost

Hak Bana Bir Ömür Vermiş
Âşık Mahzuni Şerif

Hak bana bir ömür vermiş
Boşu boşuna boşu boşuna
Vücuduma bir can girmiş
Boşu boşuna boşu boşuna

İsa, Meryem'e mi kanmış
Musa, Asa'dan ne bulmuş
Süleyman bir sultan olmuş
Boşu boşuna boşu boşuna

Gahi gittim gahi geldim
Aradım kendimi buldum
Bir Mahzuni Şerif oldum
Boşu boşuna boşu boşuna

Hani Benim Yemenim
Yöre: Uşak

Hani benim yemenim yemenim
İşte benim yemenim
(Al başından koy başa yazıverin ta başa)

Çiçeği nasıl ekerler ekerler
Şöyle şöyle ekerler
(Al başından koy başa yazıverin ta başa)

Güzeli nasıl severler severler
Şöyle şöyle severler
(Al başından koy başa yazıverin ta başa)

Güzele nasıl bakarlar bakarlar
Şöyle şöyle bakarlar
(Al başından koy başa yazıverin ta başa)

Güzeli nasıl kaparlar kaparlar
Şöyle şöyle kaparlar
(Al başından koy başa yazıverin ta başa)

Harman Yeri Yüz Yüze
Yöre: Uşak / Mustafa Koçak

Harman yeri düz düze
Oturalım diz dize
Selam söylen o kıza
Ayrılık düştü bize

Amman Emine'm allanıver
Konaklarda dilleniver

Harman yerine hopladım
Fişeğimi topladım
Selam söylen Emine'ye
Düşmanını hakladım

Amman Emine'm allanıver
Konaklarda dilleniver

Goca gapı sürgülü
Yün basmalar dürgülü
Emine'yi sorarsan
Şu gürleğin gül gülü

Amman Emine'm allanıver
Konaklarda dilleniver

Irmak Kenarından Gelür Geçersin
Yöre: Kastamonu/Taşköprü

Irmak kenarından gelür geçersin
Sağuru sağuru tütün içersin
Ne beni alırsın ne de geçersin

Yandım anam yandım yandan bakana
Canım kurban olsun cigaramı yakana

Irmak kenarından geldim de geçtim
Boyunu boyuma ölçtüm de geçtim
Güzel seni güzel diye seçtim de geçtim

Yandım aman yandım kınalı dağlar
İki eli koynunda bir gelin ağlar

Irmak kenarında testin mi vardı
Beni öldürmeye kastın mı vardı
Yâr benden habersiz dostun mu vardı

Yandım allah yandım yandırma beni
Yalan söyleyip de kandırma beni

İnce Bir Kar Yağar
Âşık Mahzuni Şerif

İnce bir kar yağar
Fakirlerin üstüne
Neden felek inanmıyor
Fukaranın sözüne

Öldük öldük biz açlıktan
Yapma ağam n'olur n'olur
Adam mı ölür, okul olunca
Yol yapılınca, çeşme olunca
Kendin bulunca, n'olur n'olur

Sen anadan ben babamdan
Ağa doğmadık dostum
Gel beraber yaşayalım
Sanma ki sana küstüm

Yandık yandık, öldük öldük biz açlıktan
Yapma beyim n'olur, n'olur, n'olur.
Adam mı ölür, yol yapılınca
Okul olunca, çeşme yapınca
Doktor gelince, mühendis gelince
N'olur n'olur n'olur n'olur

İki Dağın Arasında Kalmışam-1
Yöre: Erzurum

İki dağın arasında kalmışam
Bülbül gibi daldan dala konmuşam (ey)
Ne gün görmüş ne de murat almışam

Ana beni bir kötüye verdiler (ey)
Verdiler de günahıma girdiler (ey)

Bir tas ağu olsa ezer içerim
İçerim de bu canımdan geçerim (ey)
Ben yârimi nerde olsa seçerim

Ana beni bir kötüye verdiler (ey)
Verdiler de günahıma girdiler (ey)

İndim Dereye Durdum
Yöre: Eskişehir

İndim dereye durdum
Çifte güvercin vurdum
(Amman heyamman hey hey)
Güzeller içinde a canım
Bir esmere vuruldum

Ben güvercin olamam
Damdan dama konamam
(Amman heyamman hey hey)
Mumlar yaksam arasam
Sevdiğimi bulamam

Kadifeden Kesesi
Yöre: İstanbul

Kadifeden kesesi,
Kahveden gelir sesi.
Oturmuş kumar oynar,
Ah ciğerimin, ah ciğerimin köşesi

Aman yallah, Beyoğlu'na yolla.
Haydi yallah, Beyoğlu'na yolla
Yolla yolla yâr yolla

Kadife yastığım yok
Odana bastığım yok
Kitaba el basarım
Senden başka aman senden başka
Dostum yok

Aman yallah, Beyoğlu'na yolla
Haydi yallah, Beyoğlu'na yolla
Yolla yolla yar yolla

Kadifeden yeleğim
Seni sevdim meleğim
Biraz da sen beni sev
Rahat etsin, aman rahat etsin yüreğim

Aman yallah, Beyoğlu'na yolla
Haydi yallah, Beyoğlu'na yolla
Yolla yolla yâr yolla

Kalenin Bedenleri
Yöre: Tokat/Niksar

Kalenin bedenleri (yâr yâr yâr yandım)
Koyverin gidenleri (ninanay canım ninanay nay)
İpek bürük bürünmüş (yâr yâr yâr yandım)
Niksar'ın fidanları (ninanay canım ninanay nay)

Hoppa nina ninanay ninanay canım da ninanay
Hoppa nina ninanay ninanay canım da ninanay

Kaleden iniyorum (yâr yâr yâr yandım)
Çağırsan dönüyorum (ninanay canım ninanay nay)
Aşkından kibrit oldum (yâr yâr yâr yandım)
Üfürsen yanıyorum (ninanay canım ninanay nay)

Hoppa nina ninanay ninanay canım da ninanay
Hoppa nina ninanay ninanay canım da ninanay

Entarisi aktandır (yâr yâr yâr yandım)
Ne gelirse haktandır (ninanay canım ninanay nay)
Benzimin sarılığı (yâr yâr yâr yandım)
Yâre ağlamaktandır (ninanay canım ninanay nay)

Hoppa nina ninanay ninanay canım da ninanay
Hoppa nina ninanay ninanay canım da ninanay

Leblebi Koydum Tasa Gız Annem
Yöre: Çankırı/Çerkez

Leblebi koydum tasa gız annem,
Doldurdum basa basa gız annem de.
Benim yârim çok güzel gız annem,
Azıcık boydan kısa gızannem.

Hop ninnayı ninnayı gız annem
Gel oynayı oynayı gız annem.

Elmayı yüke gorlar gız annem,
Ağzını büke gorlar gız annem de.
Beni elinden alırlar gız annem,
Boynunu büke gorlar gız annem

Hop ninnayı ninnayı gız annem
Gel oynayı oynayı gız annem.

Alayı aldık düze gız annen,
Görüşelim yüz yüze gız annem de.
Arada sevda varmış gız annem.
Sözü verdik biz bize.

Hop ninnayı ninnayı gız annem
Gel oynayı oynayı gız annem.

Şıh Hasan Ağırlaması
Yöre: Elazığ

Şirin boyu dallara benzer
Dosta giden yollara benzer
Gelsin beri meydana
Meydan erenlerindir
Meydan erenlerindir
Dost dosta gidenlerindir

Çark edip çarkın çalar
Ana döner âşıklar
Ana seyfem mevali
Pirim dostum mevali
Cennetin kapısında
Üç nesne var Hak'tan geldi

Mevam seyfem mevali
Cennetin kapısında dost
Alalım dost dostun payı
Megariben mevali
Cennetin kapısında
Üç nesne var Hak'tan vana

Aşka inanan menem
Dosta inanan menem
Kaynatıp aş kazanı
Dost altında yanan menem

Aslım Karadağlıdır
Sıtkım Hakk'a bağlıdır
Sahipsiz cem yürümez
Cem deh oda bağlıdır
Çekelim aşkın yayın
Ceme girmesin hayın
Semah kararın buldu
Ah Hüseyin vah Hüseyin

Acem Gızı
Yöre: Kırşehir

Çırpınıp da şan ovaya çıkınca
Eğlen şan ovada gal acem gızı.
Uğrun uğrun gaş altından bakınca
Can telef ediyor gül acem gızı.

Seni seven oğlan neylesin malı,
Yumdukça gözünden döker mercanı.
Burun fındık ağzı gahve fincanı,
Şeker mi, şerbet mi bal acem gızı.

Aşkın Şarabını İçerler Dilber
Yöre: Tunceli/Ovacık

Aşkın şarabını içerler dilber
Mecnun gibi gezer sergerdan olur
Hüsnün görüp candan geçerler dilber
Ferhati misal döner perişan olur

Kaşların zülfükâr çeker kervana
Merhametin çoktur gelir imana
Dilber yüzün benzer Şems-ü tebana
Örtme zülüflerin seyristan olur

Yüce Dağ Başında Bir Top Kar İdim
Yöre: Malatya

Yüce dağ başında bir top kar idim
Güneş vurdu ılgıt ılgıt eridim
Evvel yârin sevgilisi ben idim
Şimdi uzaklardan bakan ben oldum (oy oy)

Evlerim evlerim yüksek evlerim
İçine girer de gönül eylerim
Buranın güzelleri de gönül eğlemez
Gönül eyleyecek yâre giderim (oy oy)